CAHIER DE TRAVAIL No 2

PRINCIPES ELEMENTAIRES de la MUSIQUE

par
BORIS BERLIN   **MOLLY SCLATER**   **KATHRYN SINCLAIR**
traduction française: Juliette Milette, d. mus.

Les exercises de ce Cahier sont disposés en un ordre progressif qui coïncide avec la plupart des ouvrages sur les rudiments de la musique.

On trouvera à la page 24 un Certificat de mérite à décerner aux élèves qui auront parcouru le Cahier de Travail et réussi l'examen de la page 23.

PAGE DE REFERENCE

Do (commun aux 2 portées)

Clef de Sol

Accolade

Clef de Fa

| Sol | LA | SI | DO | RE | MI | FA | Sol | LA | SI | DO | RE | MI | FA | Sol | LA | SI | DO | RE | MI | FA |

VALEUR RELATIVE DES FIGURES DE NOTES:

la RONDE vaut:

deux blanches,   OU

quatre noires,   OU

huit croches,   OU

seize doubles-croches

SILENCES

pp	*p*	*mp*
très doux	doux	moyennement doux

mf	*f*	*ff*
moyennement fort	fort	très fort

crescendo (cresc.)

en renforçant peu à peu

decrescendo (decresc.)
diminuendo (dim.)
en adoucissant peu à peu

Armure

Le chiffre du haut = nombre de temps par **mesure.**
Le chiffre du bas = valeur du temps.

chiffres indicateurs

1. Indiquer par une flèche le demi-ton au-dessus de chaque touche blanche :

2. Indiquer par une flèche le demi-ton au-dessous de chaque touche noire :

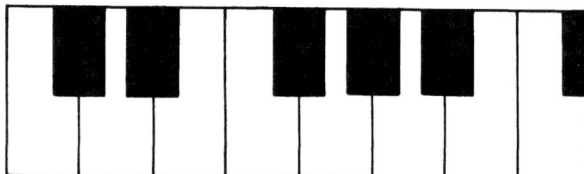

3. Indiquer par une flèche le demi-ton au-dessus de chaque touche noire :

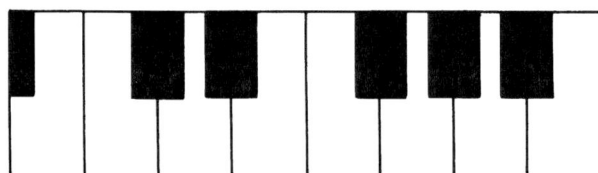

4. Indiquer par une flèche le demi-ton au-dessous de chaque touche blanche :

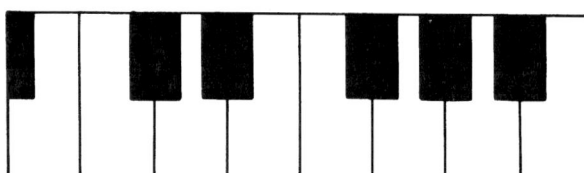

5. Indiquer par une flèche l'intervalle d'un ton au-dessus de chaque touche noire :

6. Indiquer par une flèche l'intervalle d'un ton au-dessus de chaque touche blanche :

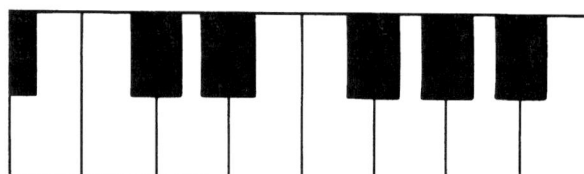

7. Indiquer par une flèche l'intervalle d'un ton au-dessous de chaque touche blanche :

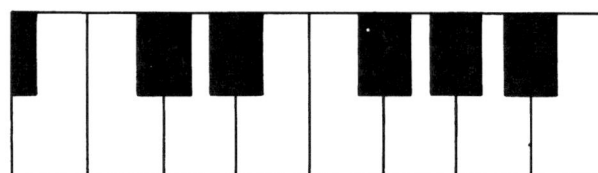

8. Indiquer par une flèche l'intervalle d'un ton au-dessous de chaque touche noire :

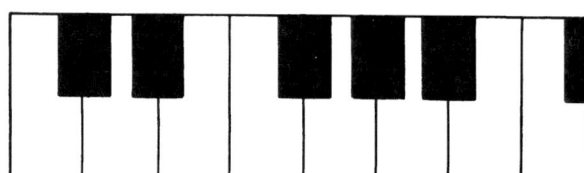

9. Exercice préparatoire à l'écriture des altérations; les reproduire au moyen du tracé.

10. Ecrire les notes demandées. Placer toujours l'altération à gauche de la note, dans le même espace ou sur la même ligne qu'elle.

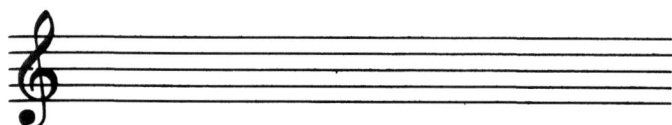

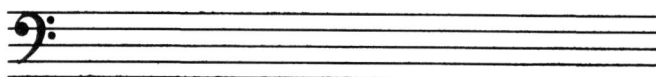

1. Ecrire la note qui est à un demi-ton diatonique au-dessus de chacune des notes suivantes.

2. Ecrire la note qui est à un demi-ton chromatique au-dessus de chacune des notes suivantes.

3. Ecrire la note qui est à un ton au-dessus de chacune des notes suivantes.

4. Ecrire la note qui est à un demi-ton diatonique au-dessous de chacune des notes suivantes.

5. Ecrire la note qui est à un demi-ton chromatique au-dessous de chacune des notes suivantes.

6. Ecrire la note qui est à un ton au-dessous de chacune des notes suivantes.

7. Indiquer si les demi-tons suivants sont chromatiques (c) ou diatoniques (d).

1. Ecrire, en clé de Sol, huit notes consécutives du grave à l'aigu, en commençant par la note indiquée. Chiffrer les notes. Indiquer les tons par un crochet carré, les demi-tons par une liaison. (t = ton, d-t = demi-ton).

Exemple (à copier)

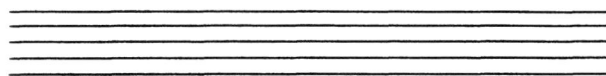

Commencer sur Fa

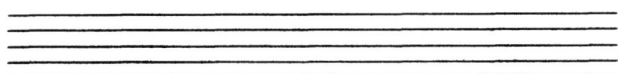

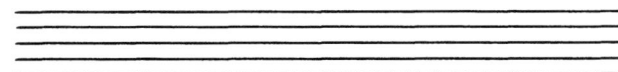

Commencer sur La

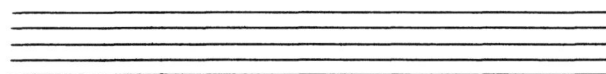

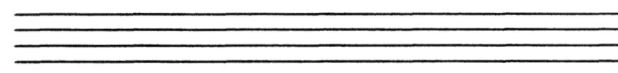

Commencer sur Mi

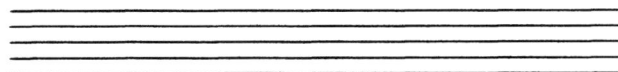

Commencer sur Si

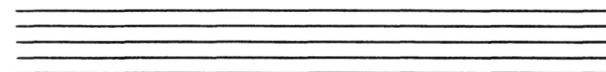

Commencer sur Sol

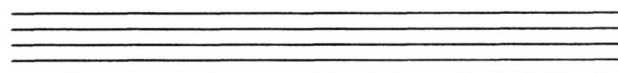

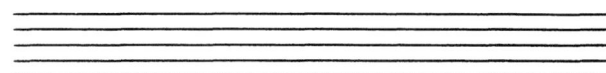

Commencer sur Do

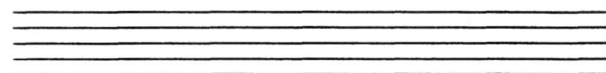

2. Ecrire, en clé de Fa, huit notes consécutives de l'aigu au grave, en commençant par la note indiquée. Chiffrer les notes. Indiquer les tons par un crochet carré, les demi-tons par une liaison.

Exemple:

Commencer sur Sol

Commencer sur La

Commencer sur Ré

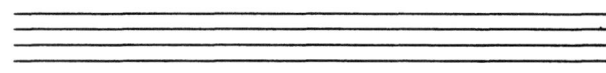

Commencer sur Fa

Commencer sur Si

1. Ecrire les gammes suivantes en clé de Sol. Numéroter les degrés. Indiquer les tons et les demi-tons:

Do Majeur — gamme ascendante

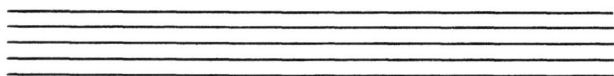

Sol Majeur — gamme ascendante

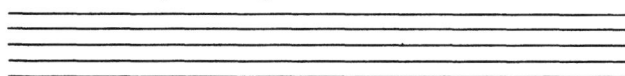

Sol Majeur — gamme descendante

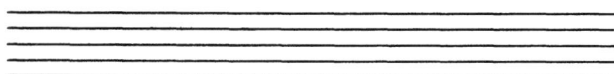

Do Majeur — gamme descendante

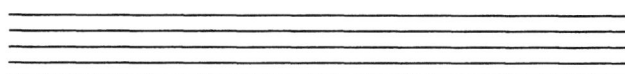

2. Ecrire les gammes suivantes, en blanches et en clé de Fa. Numéroter les degrés. Indiquer les tons et les demi-tons (t ou d-t).

Sol Majeur — gamme ascendante et descendante:

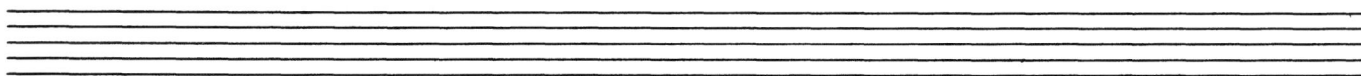

Do Majeur — gamme ascendante et descendante

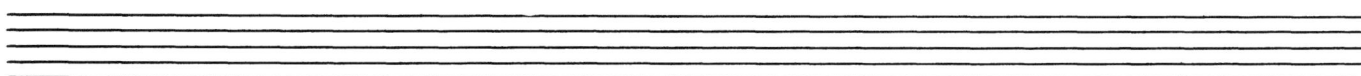

3. Ecrire les gammes suivantes en noires. Numéroter les degrés. Indiquer les tons et les demi-tons:

Fa Majeur — g. ascendante, clé de Fa

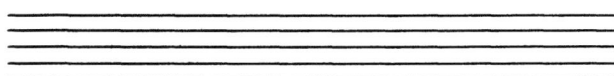

Fa Majeur — g. descendante, clé de Sol

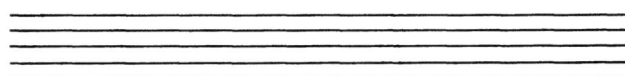

4. Ecrire les notes qui sont à un demi-ton diatonique au-dessus des suivantes:

5. Ecrire les notes à un ton complet des suivantes:

6. Ecrire les notes qui sont à un demi-ton chromatique au-dessus des suivantes:

1. Ajouter les altérations propres à chacune des gammes indiquées. Chiffrer les degrés. Marquer les tons et les demi-tons. (Altération <u>devant</u> <u>la</u> <u>note</u>.)

La Majeur

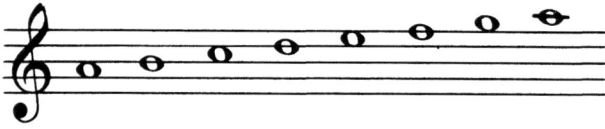

Si bémol Majeur

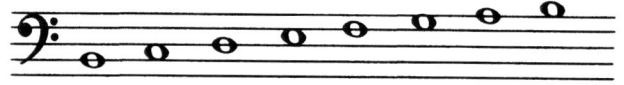

Fa Majeur

Mi Majeur

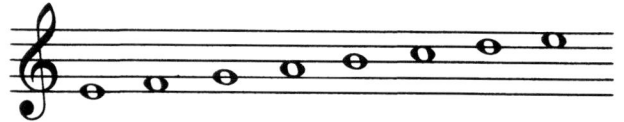

Ré Majeur

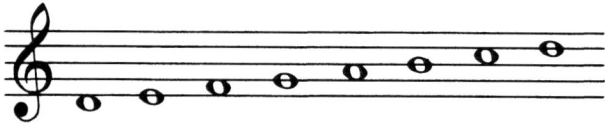

La bémol Majeur

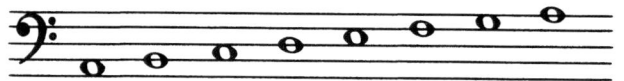

Mi bémol Majeur

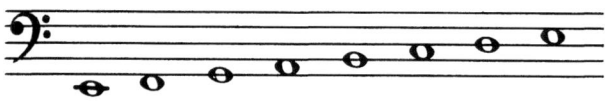

Sol Majeur

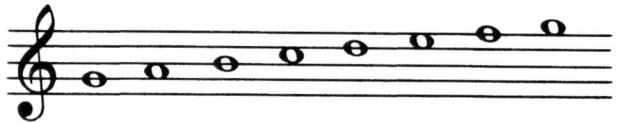

2. Ecrire en blanches les gammes suivantes. Chiffrer les degrés. Indiquer les tons et les demi-tons.

Mi b Majeur (ascend.), clé de Sol

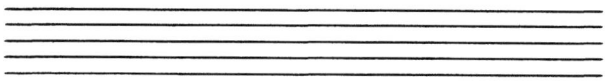

Ré Majeur (descend.), clé de Fa

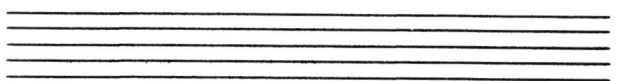

Sol Maj. (descend.), clé de Fa

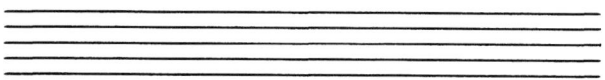

La b Maj. (ascend.), clé de Sol

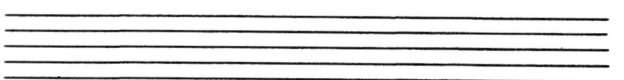

Si b Maj. (asc.), clé de Sol

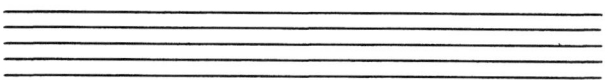

Mi Majeur (desc.), clé de Fa

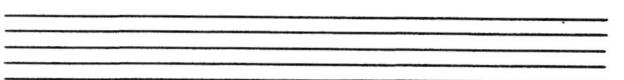

La Maj. (asc.), clé de Fa

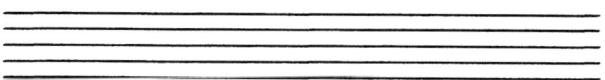

Fa Maj. (desc.), clé de Sol

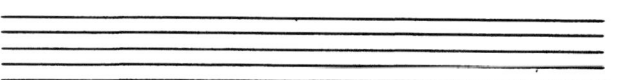

1. A la clef de Sol, poser l'armure qui convient à chacun des tons indiqués; à la clef de Fa, écrire la note tonique de chacune des tonalités.

| Mi bémol maj. | Mi majeur | Ré majeur | Do majeur | La bémol maj. |

2. A la clef de Sol, écrire la note tonique de chacune des tonalités indiquées; à la clef de Fa, poser l'armure de ces mêmes tonalités.

| Sol majeur | Si bémol maj. | La majeur | Fa majeur | Mi bémol maj. |

3. Nommer les intervalles harmoniques suivants:

4. Ajouter la note qui forme l'intervalle indiqué par le chiffre placé sous les notes.

2 4 3 5 4 6 5 7 6 8

8 6 7 5 6 4 5 3 4 2

5. Chiffrer les intervalles mélodiques formés par les deux notes de chaque mesure.

1. Ecrire la gamme de Si bémol majeur, ascendante et descendante; ne pas écrire l'armure mais poser les altérations devant les notes qui doivent en être affectées.

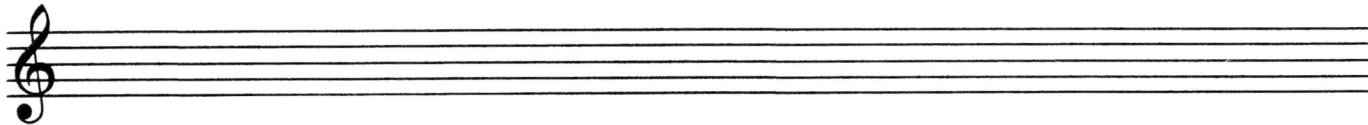

2. Ecrire au-dessus du si bémol les notes qui forment les intervalles indiqués.

| 2de maj. | 3ce maj. | 6te maj. | 7ième maj. | 2de maj. | 3ce maj. | 6te maj. | 7ième maj. |

3. Ecrire la gamme de Mi majeur, ascendante et descendante. Se servir uniquement des altérations sans l'aide de l'armure.

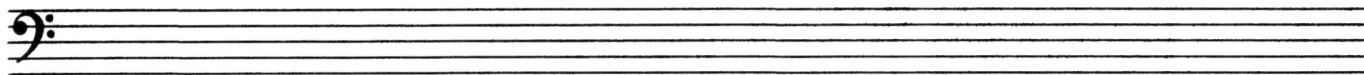

4. Ecrire au-dessus du Mi les notes qui forment les intervalles indiqués.

| 2de | 3ce | 6te | 7ième | 6te | 2de | 7ième | 3ce | 3ce | 7ième | 2de | 6te |

5. Ecrire la gamme de La majeur descendante, en utilisant les altérations sans l'aide de l'armure.

6. Ecrire la gamme de La majeur ascendante, en utilisant les altérations sans l'aide de l'armure.

7. Ecrire la note qui forme l'intervalle demandé:

| 2de maj. | 3ce maj. | 6te maj. | 7ième maj. | 3ce maj. | 2de maj. | 6te maj. | 7ième maj. |

8. Ecrire la gamme de Ré majeur, en utilisant les altérations sans l'armure.

9. Ecrire au-dessus du Ré les notes qui forment les intervalles indiqués.

| 7ième maj. | 6te maj. | 2de maj. | 3ce maj. | 6te maj. | 7ième maj. |

1. Déterminer les intervalles harmoniques de la colonne de gauche ci-dessous.

   La note grave étant considérée comme tonique d'une gamme majeure, dire pourquoi il fallait ou non altérer la note aiguë. (Utiliser pour répondre les espaces laissés libres.)

   Exemple:

   Le ___do___ utilisé dans la gamme de La majeur est un ___Do ♯.___

   3ce maj.

   Le _____ utilisé dans la gamme de Ré majeur est un _____

   Le _____ utilisé dans la gamme de Mi♭ majeur est un _____

   Le _____ utilisé dans la gamme de La majeur est un _____

   Le _____ utilisé dans la gamme de Si♭ majeur est un _____

   Le _____ utilisé dans la gamme de Mi majeur est un _____

   Le _____ utilisé dans la gamme de La♭ majeur est un _____

   Le _____ utilisé dans la gamme de Sol majeur est un _____

2. Souligner la réponse exacte en chacun des cas suivants:

   Ceci { est / n'est pas } une 6te maj.

   Ceci { est / n'est pas } une 7e maj.

   Ceci { est / n'est pas } une 3ce maj.

   Ceci { est / n'est pas } une 3ce maj.

   Ceci { est / n'est pas } une 3ce maj.

   Ceci { est / n'est pas } une 6te maj.

   Ceci { est / n'est pas } une 7e maj.

   Ceci { est / n'est pas } une 6te maj.

   Ceci { est / n'est pas } une 2de maj.

   Ceci { est / n'est pas } une 2de maj.

   Ceci { est / n'est pas } une 2de maj.

   Ceci { est / n'est pas } une 7e maj.

   (a) (b) L'intervalle (b) est { plus grand / plus petit } que l'intervalle (a)

   (c) (d) L'intervalle (c) est { plus grand / plus petit } que l'intervalle (d)

   (e) (f) L'intervalle (f) est { plus grand / plus petit } que l'intervalle (e)

   (g) (h) L'intervalle (g) est { plus grand / plus petit } que l'intervalle (h)

   (i) (j) L'intervalle (j) est { plus grand / plus petit } que l'intervalle (i)

   (k) (l) L'intervalle (k) est { plus grand / plus petit } que l'intervalle (l)

1. Noter une quinte juste au-dessus de chacune des notes suivantes.

2. Noter une quarte juste au-dessus de chacune des notes suivantes.

3. Noter les intervalles indiqués: (j. = juste).

Unisson 4tej. 5tej. 8vej. 4tej. 8vej. 5tej. unisson 5tej. 8vej. unisson 4tej.

8vej. 5tej. 4tej. unisson unisson 5tej. 4tej. 8vej. 8vej. 4tej. unisson 5tej.

5te 8ve 4te 5te 4te unisson 5te 4te 8ve 5te 4te unisson 4te 8ve 5te unisson 8ve

4. Nommer les intervalles majeurs suivants; puis changez-les en intervalles mineurs en élevant la note grave d'un demi-ton chromatique. (Utiliser M majuscule pour Majeur et m minuscule pour mineur. Ex.

3ce M. 3ce m.)

5. Nommer les intervalles majeurs suivants; puis changez-les en intervalles mineurs en abaissant d'un demi-ton chromatique la note la plus élevée:

Exemple:

3ce M. 3ce m.)

6. Nommer les intervalles suivants et spécifier s'ils sont majeurs ou mineurs.

1. **Indiquer par une note, à la manière de l'exemple a), l'unité de temps des mesures suivantes:**

Exemple:

a. $\frac{2}{4}$ à copier a. $\frac{2}{4}$

b. $\frac{3}{8}$ c. $\frac{4}{4}$

2. **Indiquer par deux notes la subdivision du temps en chacune des mesures:**

Exemple:

a. $\frac{3}{4}$ à copier a. $\frac{3}{4}$

b. $\frac{2}{2}$ c. $\frac{4}{4}$

d. $\frac{3}{8}$ e. $\frac{3}{2}$

3. **Au moyen de lignes pointillées, diviser par temps les mesures suivantes; puis, indiquer quelle valeur a l'unité de temps; subdiviser cette unité en deux valeurs égales.**

Exemple:

copier

Unités de temps

a. $\frac{3}{4}$ a. $\frac{3}{4}$

Subdivision des unités de t.

Unités de temps

b. $\frac{2}{4}$ $\frac{4}{4}$

Subdivision des unités de t.

Unités de temps

c. $\frac{3}{2}$ $\frac{3}{4}$

Subdivision des unités de t.

Unités de temps

d. $\frac{4}{4}$

Subdivision des unités de t.

Unités de temps

e. $\frac{3}{4}$

Subdivision des unités de t.

DANS TOUS CES EXERCICES, OBSERVER LES MEMES REGLES:

1. Indiquer l'unité de temps; 2. séparer les temps entre eux par des lignes pointillées; 3. écrire en valeurs de notes la division du temps en deux parties égales; 4. poser les chiffres indicateurs.

2. Ecrire au-dessus de chaque note une autre note formant l'intervalle indiqué.

3ce M.   4te j.   2de M.   6te m.   7e M.   5te j.   3ce m.   7e m.   6te M.

TOUJOURS INDIQUER L'UNITE DE TEMPS; SEPARER LES TEMPS ENTRE EUX PAR DES LIGNES POINTILLEES; ECRIRE EN VALEURS DE NOTES LA DIVISION DU TEMPS EN DEUX PARTIES EGALES.

1. Mettre de plus, en chacun des exemples suivants, le silence nécessaire pour compléter la mesure.

2. Ecrire au-dessus de chaque note une autre note à l'intervalle indiqué:

4te j   2de m   7e M   3ce m   5te j   6te m   2de M   8ve j   7e m

1. Ecrire, en clé de Sol et en montant, les gammes indiquées ci-dessous en commençant par la 6e note. Numéroter les degrés. Indiquer tons et demi-tons.

Exemple:

Ré Majeur

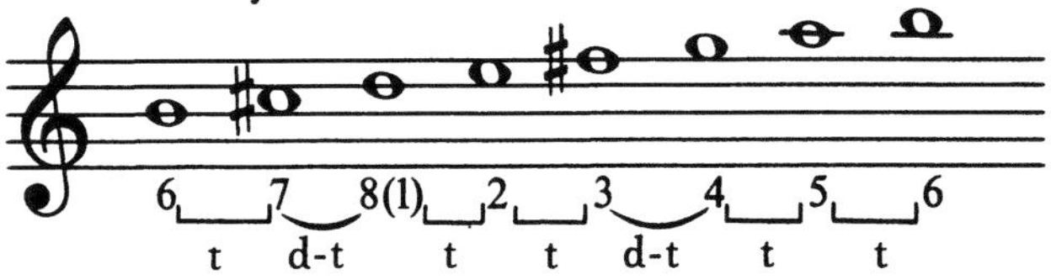

Ré Majeur

à copier

Mi♭ Majeur

Sol Majeur

La Majeur

Si♭ Majeur

2. Ecrire, en clé de Fa et en descendant, les gammes indiquées ci-dessous en commençant par la 6e note. Numéroter les degrés. Indiquer tons(t) et demi-t.

Fa Majeur

Mi Majeur

La♮ Majeur

Ré Majeur

Sol Majeur

Mi♭ Majeur

3. Poser les chiffres indicateurs des mesures suivantes:

Unités de temps:

4. Ajouter les silences qui compléteront chaque mesure:

Unités de temps:

1. Ecrire en clé de Fa et en montant les gammes indiquées ci-dessous. Numéroter les degrés. Indiquer les tons et les demi-tons.

Fa Majeur, en partant du 6e degré

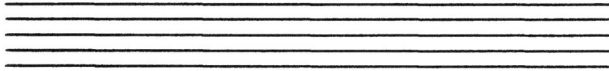

Ré mineur harmonique

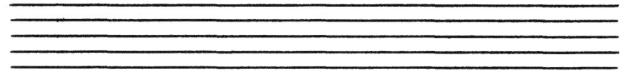

La Majeur, en partant du 6e degré

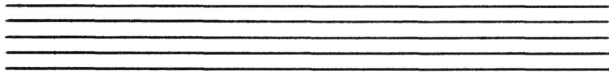

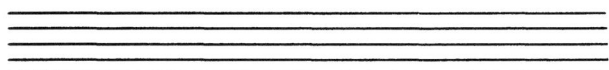

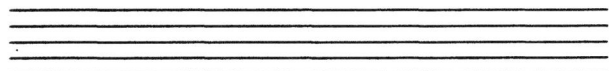

Fa♯ mineur harmonique

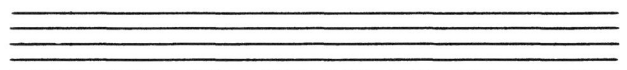

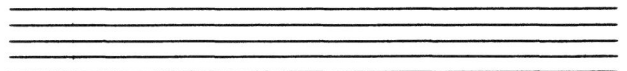

Mi Majeur, en partant du 6e degré

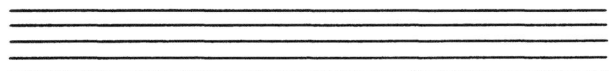

do♯ mineur harmonique

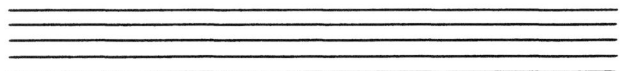

Si♭ Majeur, en partant du 6e degré

sol mineur harmonique

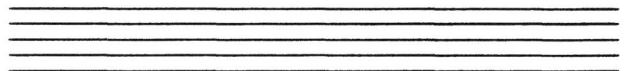

2. Ecrire en clé de Sol et en descendant les gammes indiquées ci-dessous. Numéroter les degrés. Indiquer les tons (t) et les demi-tons (d-t).

Sol Majeur, en partant du 6e degré

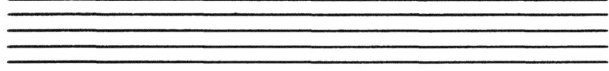

mi mineur harmonique

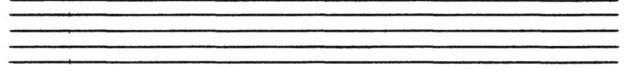

La♭ Majeur, en partant du 6e degré

fa mineur harmonique

Ré Majeur, en partant du 6e degré

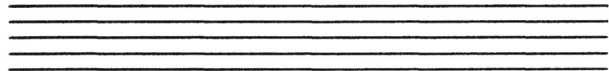

si mineur harmonique

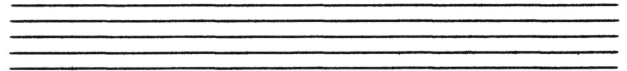

La Majeur, en partant du 6e degré

fa♯ mineur harmonique

Mi♭ Majeur, en partant du 6e degré

do mineur harmonique

1. Quelle gamme est la relative mineure de chacune de ces gammes majeures?

Mi♭ Majeur _____   Ré Majeur _____

Sol Majeur _____   La♭ Majeur _____

Mi Majeur _____   Fa Majeur _____

La Majeur _____   Si♭ Majeur _____

2. Ecrire le nom de la gamme mineur demandée. Puis la noter sur la portée dans sa forme harmonique, en montant et en descendant, avec l'armure qui lui est propre. Indiquer les tons (= t), les demi-tons (= d-t) et le ton et demi (= t+d—t) pour chaque gamme.

La relative mineure de Si♭ Majeur est _____

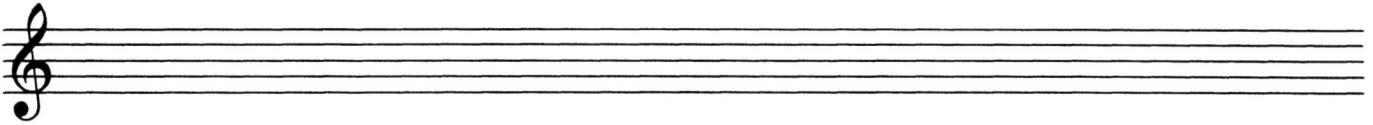

La relative mineure de Mi Majeur est _____

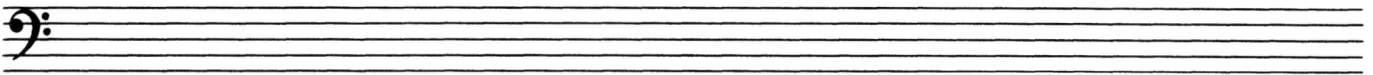

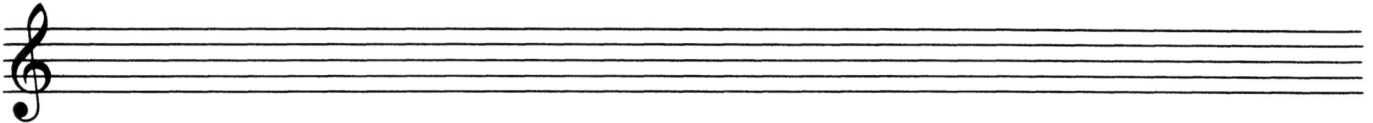

La relative mineure de Mi ♭ Majeur est _____

La relative mineure de Sol Majeur est _____

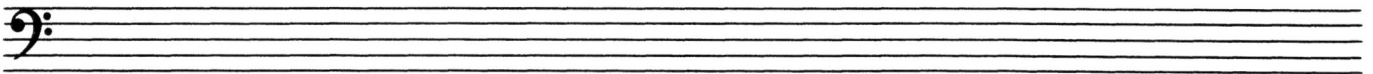

La relative mineure de Ré Majeur est _____

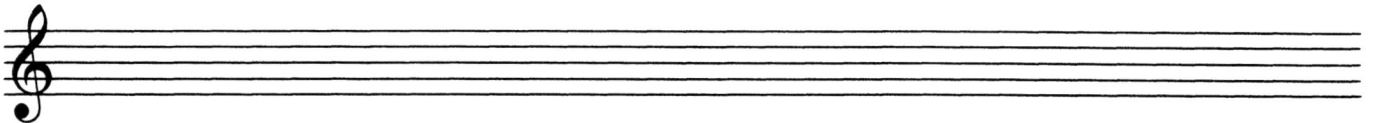

La relative mineure de Fa Majeur est _____

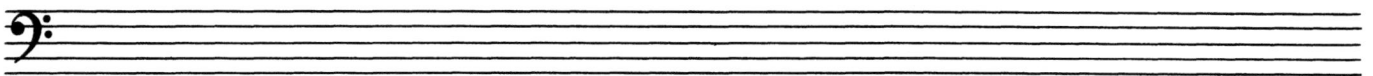

La relative mineure de La Majeur est _____

17

1. Ecrire le nom de la gamme mineure demandée. Puis la noter sur la portée, en clé de Fa, dans sa forme mélodique, en montant et en descendant, avec l'armure qui lui est propre. Indiquer les tons et les demi-tons.

La relative mineure de Ré Majeur est _____

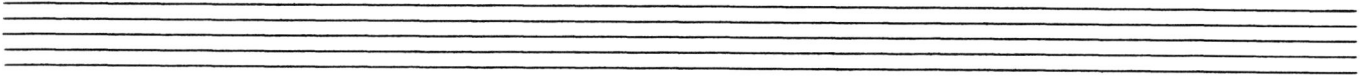

La relative mineure de La ♭ Majeur est _____

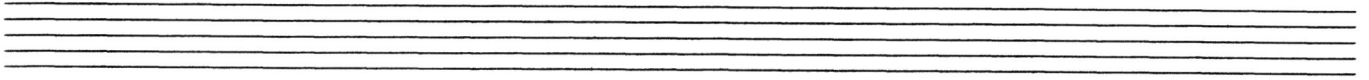

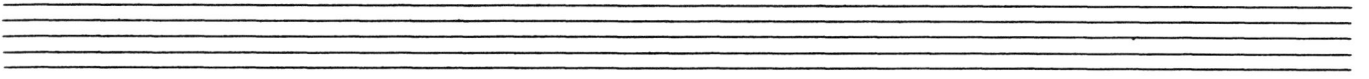

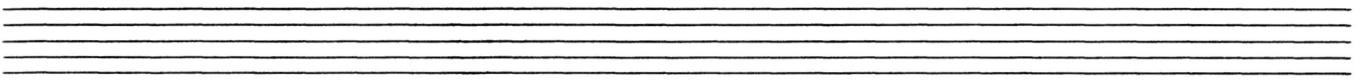

La relative mineure de Fa Majeur est _____

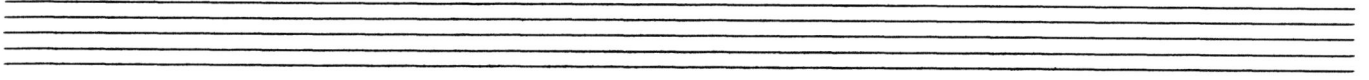

La relative mineure de Mi Majeur est _____

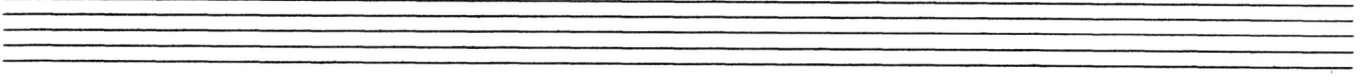

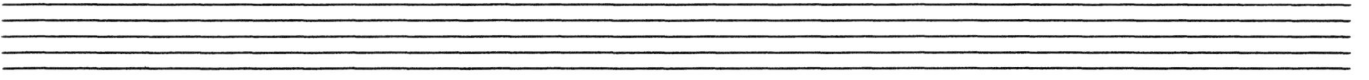

2. Donnez le nom de la gamme mineure demandée, puis écrivez-la en clé de Sol dans sa forme mélodique, en montant et en descendant. Ne mettez aucune armure, mais employez toutes les altérations nécessaires pour l'écrire correctement.

La relative mineure de Sol Majeur est _____

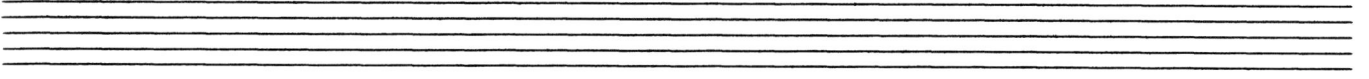

La relative mineure de Mi ♭ Majeur est _____

La relative mineure de Si ♭ Majeur est _____

La relative mineure de Mi Majeur est _____

1. Procéder à la manière du premier exemple pour trouver le ton relatif majeur de chacun des tons suivants. (Retracer d'abord l'exemple a-b) no 1

sol mineur

a.

b.

ton   demi-ton

c Relatif majeur de sol mineur: _Si ♭ Majeur_

si mineur

a.

b.

c. Relatif majeur de si mineur: _____

fa ♯ mineur

a.

b.

c. Relatif majeur de fa ♯ mineur: _____

do mineur

a.

b.

c. Relatif majeur de do mineur: _____

mi mineur

a.

b.

c. Relatif majeur de mi mineur: _____

fa mineur

a.

b.

c. Relatif majeur de fa mineur: _____

do ♯ mineur

a.

b.

c. Relatif majeur de do ♯ mineur: _____

ré mineur

a.

b.

c. Relatif majeur de ré mineur: _____

la mineur

a.

b.

c. Relatif majeur de la mineur: _____

19

1. Ecrire en clé de Fa l'armure et la tonique de chacun des tons suivants. Retracer le premier exemple.

fa ♯ mineur 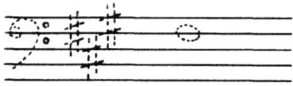 sol mineur  si mineur  ré mineur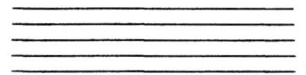

mi mineur   la mineur   do ♯ mineur   fa mineur   do mineur

2. Ecrire les gammes indiquées, ascendantes et descendantes, avec l'armure qui leur convient:

do mineur harmonique, en clé de Fa

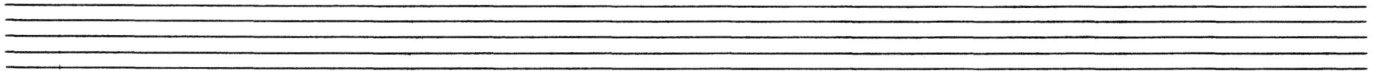

fa ♯ mineur mélodique, en clé de Sol

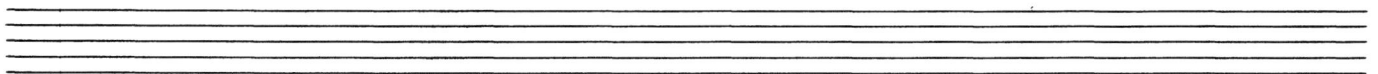

sol mineur harmonique, en clé de Fa

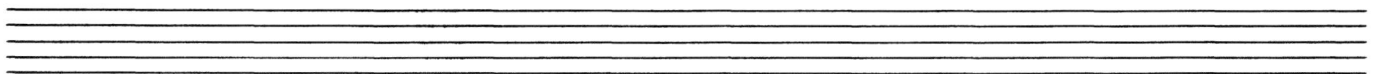

la mineur mélodique, en clé de Sol

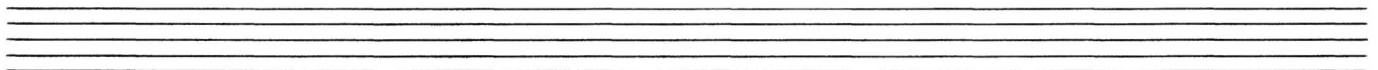

fa mineur harmonique, en clé de Fa

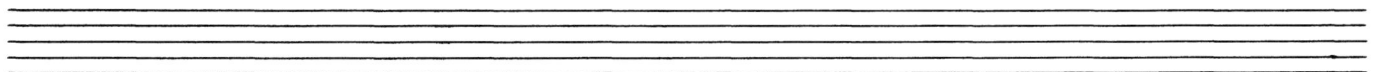

ré mineur mélodique, en clé de Sol

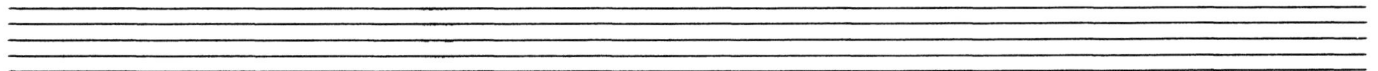

si mineur harmonique, en clé de Fa

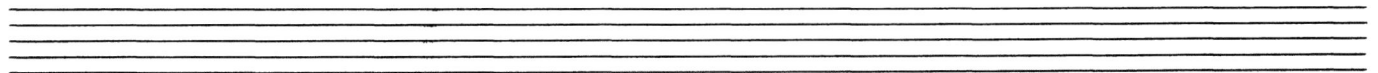

do ♯ mineur mélodique, en clé de Sol

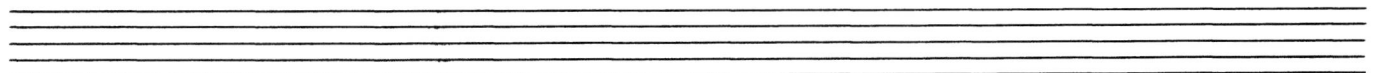

1. Ecrire en clé de Fa et en noires les gammes indiquées, en montant seulement. Indiquer la dominante à la suite de chaque gamme.

la mineur harmonique

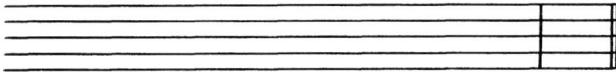

Mi Majeur

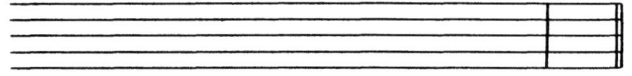

do mineur harmonique

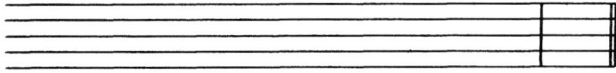

Fa Majeur

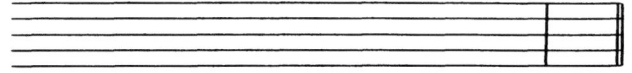

2. Ecrire en clé de Sol et en blanches les gammes indiquées, en descendant seulement. Indiquer la dominante à la suite de chaque gamme.

ré mineur harmonique

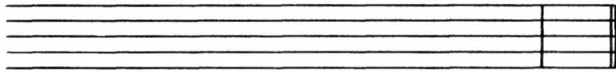

Sol Majeur

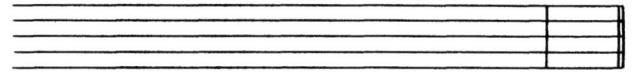

La♭ Majeur

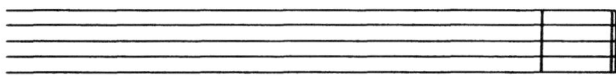

do ♯ mineur harmonique

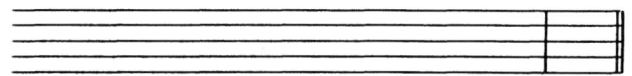

3. Ecrire en clé de Sol et en rondes les gammes indiquées, en montant et en descendant. Indiquer la tonique à la suite de chaque gamme.

Ré Majeur

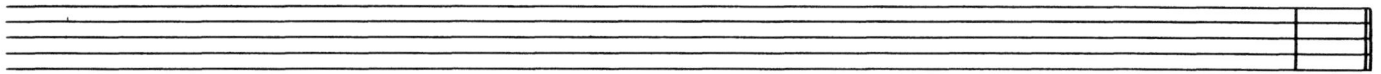

fa ♯ mineur mélodique

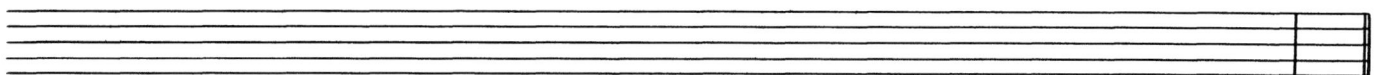

4. Ecrire en clé de Fa et en groupes de deux croches les gammes indiquées, en montant et en descendant. Indiquer la dominante et la tonique à la suite.

sol mineur mélodique

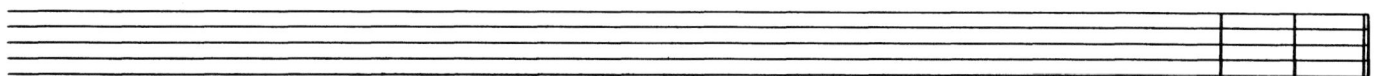

fa mineur harmonique

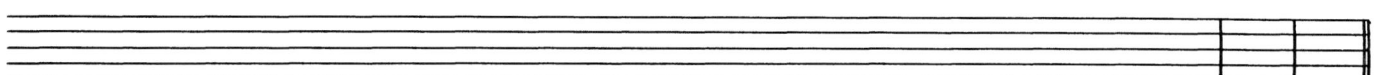

1. Ecrire en clé de Sol la gamme de Si bémol majeur ascendante, sur deux octaves. Former ensuite les accords de tonique et de dominante; marquer d'un x les notes de la gamme employées pour ces accords.

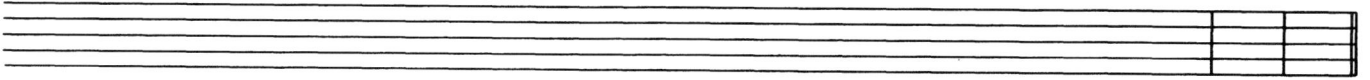

2. Ecrire en clé de Fa la gamme de do mineur harmonique ascendante, sur deux octaves. Former ensuite les accords de tonique et de dominante; marquer d'un x les notes de la gamme employées pour ces accords.

3. Ecrire en clé de Fa l'accord de tonique de chacune des tonalités suivantes, en posant l'armure appropriée.

| Mi ♭ Maj. | si min. | Sol Maj. | fa ♯ min. | La ♭ Maj. | ré min. |

4. Ecrire en clé de Sol l'accord de dominante de chacune des tonalités suivantes, en posant l'armure appropriée.

| sol min. | Mi Maj. | la min. | Ré Maj. | fa min. | Si ♭ Maj. |

5. Les accords suivants sont tous des accords de tonique. Indiquer la tonalité (majeure ou mineure) de chacun.

6. Les accords suivants sont tous des accords de dominante. Indiquer la tonalité (majeure ET mineure) de chacun.

1. Indiquer les tonalités.

Ton de _____   Ton de _____   Ton de _____

2. Ecrire une 8ve plus haut avec la même clef; dire
   la tonalité:

3. Ecrire une 8ve plus bas avec la même clef; dire
   la tonalité:

Ton de _____

Ton de _____

4. Ecrire les lignes mélodiques suivantes une octave plus haut, en clé de Sol; indiquer la tonalité de chacune:

   a.

Ton de _____

Handel

   b.

Ton de _____

5. Ecrire les lignes mélodiques suivantes une octave plus bas, en clé de Fa; indiquer la tonalité de chacune:

Handel

   a.

Ton de _____

Bach

   b.

Ton de _____

EXAMEN

1. Ecrivez les gammes indiquées, avec l'armure qui leur convient:

Mi♭ Majeur descendante, en clé de Sol:

Fa♯ mineur harmonique ascendante, en clé de Fa:

Points alloués:

12

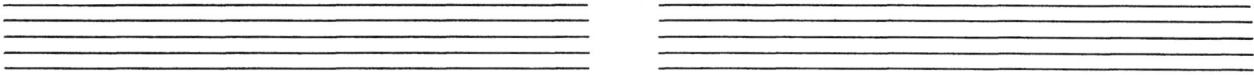

2. Ecrivez la gamme de sol mineur mélodique en clé de Sol, ascendante et descendante, par groupes de deux croches. Utiliser les altérations et non l'armure:

12

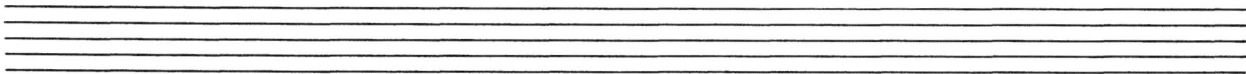

3. Complétez les mesures suivantes par des silences appropriés; indiquez les unités de temps et leurs subdivisions binaires:

12

4. Formez les intervalles demandés:

20

4te j   3ce M.   7e m   2de m   6te M   7e M   5te j   3ce M   2de M   6te M

5. Donnez les chiffres indicateurs de chacune des mesures suivantes; indiquez les unités de temps et leur subdivision binaire:

12

6. Ecrivez cette ligne mélodique une octave plus bas, en clé de Fa. Indiquez-en la tonalité.

Ton de _____

12

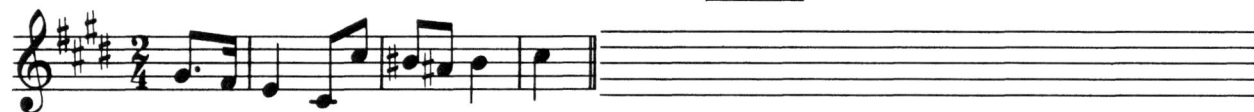

7. a) Ces accords sont des accords de dominante. Indiquez la tonalité de chacun:

10

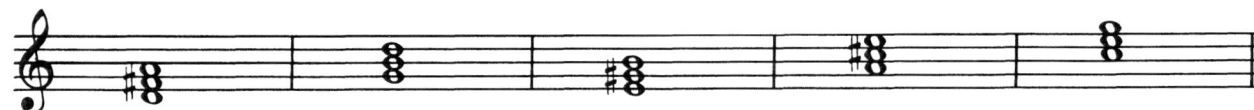

b) Dites de quelles tonalités majeures ces mêmes accords peuvent être accords de tonique:

10

_____   _____   _____   _____   _____

100